GERENCIAMENTO DE TEMPO

Como Dominar Em Produtividade

(Como Retomar O Controle De Sua Vida E Aumentar A Produtividade)

Gale Fink

Traduzido por Daniel Heath

Gale Fink

Gerenciamento De Tempo: Como Dominar Em Produtividade (Como Retomar O Controle De Sua Vida E Aumentar A Produtividade)

ISBN 978-1-989853-00-9

Termos e Condições

De modo nenhum é permitido reproduzir, duplicar ou até mesmo transmitir qualquer parte deste documento em meios eletrônicos ou impressos. A gravação desta publicação é estritamente proibida e qualquer armazenamento deste documento não é permitido, a menos que haja permissão por escrito do editor. Todos os direitos são reservados.

As informações fornecidas neste documento são declaradas verdadeiras e consistentes, na medida em que qualquer responsabilidade, em termos de desatenção ou de outra forma, por qualquer uso ou abuso de quaisquer políticas, processos ou instruções contidas, é de responsabilidade exclusiva e pessoal do leitor destinatário. Sob nenhuma circunstância qualquer, responsabilidade legal ou culpa será imposta ao editor por qualquer reparação, dano ou perda monetária devida às informações aqui contidas, direta ou indiretamente. Os respectivos autores são proprietários de todos os direitos autorais não detidos pelo editor.

Aviso Legal:

Este livro é protegido por direitos autorais. Ele é designado exclusivamente para uso pessoal. Você não pode alterar, distribuir, vender, usar, citar ou parafrasear qualquer parte ou o conteúdo deste ebook sem o consentimento do autor ou proprietário dos direitos autorais. Ações legais poderão ser tomadas caso isso seja violado.

Termos de Responsabilidade:

Observe também que as informações contidas neste documento são apenas para fins educacionais e de entretenimento. Todo esforço foi feito para fornecer informações completas precisas, atualizadas e confiáveis. Nenhuma garantia de qualquer tipo é expressa ou mesmo implícita. Os leitores reconhecem que o autor não está envolvido na prestação de aconselhamento jurídico, financeiro, médico ou profissional.

Ao ler este documento, o leitor concorda que sob nenhuma circunstância somos responsáveis por quaisquer perdas, diretas ou indiretas, que venham a ocorrer como resultado do uso de informações contidas neste documento, incluindo, mas não limitado a, erros, omissões, ou imprecisões.

Índice

Parte 1 1

Introdução 2

O QUE ESTE LIVRO É SOBRE 3

Capítulo 1: O Que Todos Devem Saber Sobre O
Gerenciamento Eficaz Do Tempo 8

 # 1 .... *15*
 # 2 .... *18*
 # 3 .... *20*
 # 4 .... *22*

Capítulo 2: Como Estabelecer Limites E Aprender A Dizer
Não - (Pessoas Amáveis Não Dizem) 26

PASSO 1 - CRIE UM MANTRA 34
PASSO # 2 - MANTENHA UM DIÁRIO 36
ETAPA 3 - PRATICAR 37

Capítulo 3: Como Criar Uma Rotina Matinal Produtiva -
Planejamento Diário 101 40

1 PLANO 44
2 NEM TODOS OS AVANÇOS TECNOLÓGICOS SÃO AMIGÁVEIS AO
GERENCIAMENTO DE TEMPO 47
3 TORNE AS PRIORIDADES MAIS FÁCEIS 49
EXERCÍCIO # 4 50
5 PREPARE-SE PARA O DIA 51
6 PERÍODO DE CARÊNCIA 53
7 ANALISE E SEJA FLEXÍVEL 54

Capítulo 4: Como Dominar A Arte Da Priorização - (Existe
Uma Diferença Entre Importante E Urgente) 58

1-ENFRENTANDO AS TAREFAS DIFÍCEIS PRIMEIRO 59
2-ENFRENTAR TAREFAS FÁCEIS PRIMEIRO 62

Capítulo 5: Multitarefa - Aliado Ou Inimigo? 73

EFEITOS COLATERAIS MULTITAREFA 76
1 MENOS CONCENTRAÇÃO 76
2 TDA E DIMINUIÇÃO DO QI 77
3 MAIOR TEMPO DE INATIVIDADE 79
BENEFÍCIOS DE SE CONCENTRAR EM UMA TAREFA 80
1 MAIS PRODUTIVIDADE 80
2 GERENCIAMENTO DE TEMPO EFETIVO 81
FERRAMENTAS EFICAZES DE GERENCIAMENTO DE TEMPO 83
1 FAÇA UMA COISA DE CADA VEZ 83
2 TERMINE ANTES DE COMEÇAR 84
3 PRIORIZAR 85
4 FECHE TODAS AS NOTIFICAÇÕES 85
5 ELIMINAR INTERRUPÇÕES USANDO APLICATIVOS DE PRODUTIVIDADE 87

Capítulo 6: Como Eliminar Distrações E Obter Mais Trabalho Em Menos Tempo 89

1 TREINE SEU CÉREBRO PARA SE CONCENTRAR 90
2 QUEBRAR TAREFAS ENORMES 92
3 ACOMPANHE SEU GASTO DE TEMPO 93
4 BLOQUEIE TODOS OS SITES E APLICATIVOS QUE CAUSAM DISTRAÇÃO 94
5 CRIAR UM CRONOGRAMA 96

Conclusão 97

Parte 2 99

Introdução 100

Capítulo 1: Tempo 102

Capítulo 2: Classifique 106

PASSOS PARA CLASSIFICAR SUAS PRIORIDADES 109

Capítulo 3: Eliminar 114

"Arte É A Eliminação Do Desnecessário." - Pablo Picasso 114

DECISÕES ELIMINATÓRIAS 114

ELIMINANDO REUNIÕES.. 117
ELIMINANDO AS REDES SOCIAIS 120
ELIMINANDO O VAI E VOLTA DE E-MAILS 122

Eu: "Oi Sarah, Aquela Cotação Da Abc Corp Está Pronta?" 122

Capítulo 4: Automatize.. 126

Capítulo 5: Delegue 131

Capítulo 6: Procrastinar... 136

Procrastinação É A Arte De Manter O Ontem. –Don Marquis 136

Capítulo 7: Isole-Se & Concentre-Se................................. 139

Capítulo 8: Alavanca 145

Conclusão 148

Parte 1

Introdução

O que este livro é sobre

No primeiro capítulo, você aprenderá tudo sobre o gerenciamento eficaz do tempo e discutiremos algumas maneiras pelas quais essa habilidade pode ajudá-lo, independentemente do que você faz ou de quem você é. No próximo capítulo, você aprenderá como definir limites e como dizer não em situações em que poderia automaticamente dizer sim no passado, ao mesmo tempo em que seria educado.

Além disso, você descobrirá três passos simples que você pode tomar para começar a dizer não, a fim de desenvolver a habilidade de gerenciamento eficaz do tempo.

No terceiro capítulo, vamos para a rotina matinal. Todos nós temos uma, mas algumas são melhores que outras. É por isso que discutiremos a importância de uma rotina matinal (também conhecida como ritual matinal) e como esse processo único pode afetar a qualidade do resto do dia. Você também receberá 5 maneiras que podem tornar seu ritual matinal menos agitado e mais produtivo.

No próximo capítulo, discutiremos sobre priorização, um fator fundamentalmente importante de gerenciamento eficaz do tempo. Você aprenderá duas maneiras de escolher ou usar uma combinação delas para priorizar melhor as tarefas que exigem sua atenção. No quintocapítulo, você aprenderá sobre multitarefa, o que ela realmente é e se essa habilidade ajuda ou prejudica seus esforços de gerenciamento do tempo.Além disso, você receberá 5 ferramentas que você deve implementar e seguir para ajudá-lo a gerenciar seu tempo com mais eficiência e aumentar drasticamente sua produtividade.

No último capítulo, você aprenderá como eliminar as distrações que acabam reduzindo seu tempo e impedindo que você faça mais trabalho. Você descobrirá algumas diretrizes que você pode usar para mantê-lo concentrado e produtivo, garantindo que você realize mais em menos tempo.

Mais uma vez, obrigado por adquirir este livro, espero que você goste!

Capítulo 1: O que todos devem saber sobre o gerenciamento eficaz do tempo

Como seres humanos, estamos ligados a coisas que precisam de nossa atenção urgente, mesmo quando não são necessariamente importantes. Isso, por sua vez, nos faz apressar nossas manhãs lutando para recuperar o fôlego e até ficar furiosos quando trabalhamos até tarde.

Quando as pessoas ouvem sobre o gerenciamento do tempo, pensam em assumir uma postura linha dura sobre como usam seu tempo.

Uma das coisas que percebi é que uma vez que você começa mal a qualquer dia, há 80% de chance de que o resto do dia também sofra o mesmo destino. Se você está atrasado para o escritório, as chances são de que você vai precisar de alguns momentos para se recompor e recuperar o fôlego, especialmente se você estava quase correndo do outro lado da rua para começar a trabalhar para que você não se atrase. Isso só piora com o passar do dia. Por exemplo, você pode esquecer a reunião da manhã e até ser forçado a se apressar ou folhear seus documentos para obter os documentos que precisa apresentar ao quadro.

A má administração do tempo é algo de que muitos de nós sofrem. Como afirmado, estamos programados para cuidar do que consideramos urgente e não do que é importante. Nossas programações diárias são cheias de atividades que, apesar do avanço tecnológico, sempre pareceque nunca há tempo suficiente em um dia para completá-las; isso pode ser familiar, profissional ou pessoal.Isso torna extremamente difícil categorizar quais tarefas são importantes e quaissãourgentes, tornando extremamente difícil planejar.Mesmo que os planos que fazemos hoje sejam voltados para aliviar nosso fardo no futuro, tendemos a estar muito ocupados o tempo todo, mas nunca somos realmente produtivos.

O gerenciamento eficaz do tempo é uma habilidade que cada um de nós, independentemente de onde trabalhamos, deve desenvolver e usar em nossa vida diária, se quisermos ser produtivos. Eu posso continuar e falar sobre como o gerenciamento eficaz do tempo pode afetar positivamente sua vida, mas a verdade é que, se você se sentir confortável com uma vida menos produtiva, nunca alcançará todos os seus sonhos, objetivos e aspirações.

O gerenciamento de tempo não é ciência de foguetes; você não precisa gastar longas horas de estudo para dominar como gerenciar seu tempo de forma eficaz, pois é uma habilidade que você pode desenvolver facilmente e mudar a maneira como sua vida funciona. Isso não quer dizer que não haverá momentos em que estamos ocupados demais.

Por exemplo, horários como a volta às aulas, o preenchimento de nossos impostos e a conclusão de importantes projetos de trabalho costumam te ocupar mais do que o comum. Ter habilidades efetivas de gerenciamento de tempo o ajudará a administrar o tempo disponível para você, além de reduzir o estresse e as frustrações que acompanham esses momentos. Abaixo estão algumas maneiras pelas quais o gerenciamento eficaz do tempo pode ajudá-lo, independentemente do que você faz ou de quem você é.

1

O gerenciamento eficaz do tempo ajudará você a trabalhar de maneira mais inteligente em vez de trabalhar mais. Um dos recursos mais valiosos disponíveis para você é o tempo e uma vez que se foi, você não pode recuperá-lo. Tratar cada tarefa como uma prioridade é uma maneira segura de desenvolver o mau hábito de gerenciamento de tempo que consome nosso tempo sem aumentar nossa produtividade. Tornar cada tarefa uma emergência é muito ruim, não apenas para o nosso tempo, mas também para o nosso bem-estar.

A gestão eficaz do tempo ajuda-o a optimizar o seu tempo, estruturando a sua rotina e a sua mentalidade para que consiga alcançar mais sem muito esforço ou stress. Isso funciona identificando suas rotinas diárias e necessidades de energia do corpo em momentos específicos e, em seguida, delegando as tarefas mais extenuantes e importantes para os momentos em que você está no auge de suaprodutividade.O gerenciamento de tempo também ajuda muito a identificar as atividades de "perda de tempo" em sua rotina diária.

 # 2

Pense em inovadores como Steve Job. Embora ele possa ter inúmeras reuniões com investidores e acionistas todos os dias, ele teve que separar o tempo para ser inovador.

A gestão eficaz do tempo é uma habilidade que qualquer pessoa que pretenda obter algo que valha a pena deve aprender e praticar. Também é importante observar que o gerenciamento eficaz não pode ser forçado em você; é uma habilidade que exigirá muita autodeterminação e reestruturação da vida pessoal.

Uma vez que nossa vida diária exige que sejamos flexíveis, aprender essa habilidade irá ajudá-lo a tomar decisões sensatas em cada círculo de sua vida sem estar necessariamente preso a uma rotina restritiva. Desenvolver boas habilidades de gerenciamento de tempo irá ajudá-lo a determinar as tarefas que precisam ser realizadas em conjunto com seus objetivos de vida.

 # 3

O desenvolvimento de habilidades eficazes de gerenciamento de tempo também ajudará você a tomar decisões imediatas. Como assim? Se você for convidado para um coquetel em uma noite de sexta-feira, mas tiver planos prévios com sua família, poderá determinar rapidamente qual das atividades é mais importante para você; algumas horas de felicidade com amigos ou a alegria de passar tempo com a família.

Ele também ajudará você a ter uma razão ou explicação para os momentos em que disser não às tarefas sem sentir muita culpa. No caso de um gerente delegar tarefas para você, você pode ser capaz de explicar a elas que você tem outras tarefas pendentes e, assim, o gerente pode determinar qual tarefa é mais importante.

 # 4

A gestão eficaz do tempo também ajuda a criar ordem na sua vida. Não é apenas uma habilidade que você pode usar na vida diária, mas também uma que pode ajudá-lo a alcançar seus objetivos de longo prazo. A habilidade efetivamente cria um propósito em tudo que você faz, ajudando você a pensar em tais questões, como a razão pela qual você tem que fazer certas tarefas em um determinado momento.

Você também está certo de dar passos positivos para realizar as pequenas tarefas que irão se acumular para as metas que você tem em mente. Obviamente, algumas tarefas são mais fáceis de manter ou fazer quando elas têm um propósito.

Por exemplo, a faxina não é algo que a maioria de nós gosta, mas é algo que deve ser feito se houver ordem e limpeza em casa. Isso transforma a faxina em uma escolha, em vez de um fardo que achamos que devemos realizar.

Ser capaz de gerir o seu tempo ajudará a garantir que as áreas da sua vida que mais significam para você sejam atribuídas ao tempo mais produtivo e isso contribuirá tremendamente para o resultado de toda a sua vida em geral.

Eu também descobri que ser capaz de administrar seu tempo lhe oferece mais tempo que você pode passar com a família ou na busca de algo que você ama. Gestão eficaz do tempo é uma habilidade que todos nós devemos aprender para trazer um sentido de ordem e realização em nossa vida.

Capítulo 2: Como Estabelecer Limites e Aprender a Dizer Não - (Pessoas Amáveis Não Dizem)

Como vimos no capítulo anterior, aprender como gerenciar seu tempo de forma eficaz ajudará você a tomar decisões instantâneas quando precisar. Às vezes, uma decisão rápida exigirá uma resposta não. Os seres humanos tendem a seguir um contrato social que determina que, quando alguém lhe pede para fazer algo, sua resposta geralmente será afirmativa, independentemente de em quais outras tarefas você deve se concentrar.

Aprender a dizer não é uma ferramenta eficaz para eliminar as atividades menos importantes em sua vida e focar nas atividades que são mais importantes para você. Também é muito importante que você esteja ciente de como diferenciar entre tarefas importantes e urgentes. Aprender a estabelecerlimites e dizer não é muito importante se você for bem-sucedido em seus esforços de gerenciamento do tempo.

No exemplo do capítulo anterior, analisamos uma decisão que deveria ser tomada entre sair para um coquetel com amigos e passar um tempo pré-planejado com a família. Dependendo do que é mais importante para você (neste caso, família); uma dessas decisões exigirá um não. Definir limites, por outro lado, ajudará você a saber quando cruzá-los e ajudá-lo a não os cruzar.

Quando dizemos sim quando o que queremos dizer é não, passamos horas, dias e às vezes meses lamentando a decisão do "sim" e sentindo muito ressentimento enquanto nos perguntamos por que dissemos isso. Na maioria dos casos, dizer não a muitos de nós traz sentimentos de vergonha e às vezes culpa. Por exemplo, quando você diz não aos seus filhos sobre um determinado assunto, você pode se sentir culpado e como se não os amasse tanto quanto eles pensam ou como se não se importasse. Esta é uma resposta perfeitamente natural ao 'não'.

Estabelecer limites e aprender a dizer não é priorizar e ter a coragem de amar a si mesmo e dizer não, mesmo correndo o risco de desapontar os outros. O mais importanteé não basear sua dignidade na aprovação de outras pessoas. Em vez disso, lembre-se sempre que é impossível agradar a todos, até mesmo a princesa Diana não podia!

Aprender a dizer não é simbiótico à produtividade. Vamos ver um exemplo. Se você estivesse trabalhando em seu computador em um prazo estrito e recebesse uma solicitação de bate-papo de um amigo com quem você não se comunicava por muito tempo, qual seria a sua opção? Deixar o chat não responder até você terminar o seu trabalho ou interromper o trabalho e conversar com seu amigo?

Muitos de nós vão optar pelo último e comprometer o nosso trabalho. Isso traz confusão e adrenalina desnecessária porque precisamos cobrir o tempo que perdemos quando o prazo se aproxima. Dizer não parece uma tarefa gigantesca, mas não é. Todos nós nos deparamos com diferentes cenários no dia-a-dia. Aprender a dizer não irá ajudá-lo a filtrar o que não é importante e a dar-lhe tempo suficiente para lidar com os aspectos importantes de sua vida, o que influenciará muito em seu nível de produtividade.

Por outro lado, não podemos dizer não a tudo. Desenvolver um cronograma e uma habilidade de gerenciamento de tempo eficazes ajudará você a priorizar e reconhecer as coisas ouatividades que exigem um não e aquelas que exigem um sim. Também ajudará você a criar uma vontade forte e força interior. Mesmo que dizer não ou estabelecer limites seja uma tarefa, existem alguns passos simples que você pode seguir para garantir que você desenvolva a habilidade de gerenciamento eficaz do tempo.

Passo 1 - Crie um mantra

Quando você tem certeza de que vai dizer sim a alguém que você na verdade quer dizer não, ajuda muito ter um mantra. Um mantra não precisa ser um canto; pode ser qualquer coisa. Um mantra é apenas algo que você pode usar para se lembrar da sua força interior.

Uma habilidade eficaz é ter um anel, uma pulseira ou um colar que você possa acariciar quando o desejo de dizer sim o dominar. Outra ferramenta eficaz é ter um mantra real. Nesse caso, escolha algo que acrescente mais poder à sua determinação; "Eu posso dizer não" é uma boa. Adapte o mantra à sua dificuldade para dizer não.

Se você tem muita dificuldade em dizer não, escolha um mantra forte que ajude a escolher desconforto sobre o ressentimento.

Passo # 2 - Mantenha um diário

Uma das coisas que nós olhamos é como depois de dizer sim, nós andamos por aí ressentidos, especialmente quando não conseguimos estabelecer limites. Quando você estiver se sentindo ressentido, anote isso e anote todas as vezes que você tiver isso. Isso pode ajudá-lo a reconhecer quais situações fazem com que você se sinta mais ressentido.

Etapa 3 - Praticar

Dizer não é algo que se desenvolve ao longo do tempo, mas como tudo mais, você tem que praticar. Há indivíduos em nossas vidas que não podemos dizer não instantaneamente. Isso ajuda a começar pequeno. Comece dizendo não para assuntos pequenos que dizem respeito a você e depois passe para questões menores que preocupem as outras pessoas. Um mantra para ajudá-lo nisso é "meu prato está cheio" ou "desculpe, não posso aceitar isso agora".

Estabelecer limites o ajudará muito a determinar o que é e o que não é importante e também o ajudará a alcançar mais nas áreas de sua vida que mais importam. Definirlimites também requer que você configure um cronograma que você possa seguir. Um cronograma não deve ser muito restritivo e deve proporcionar alguma flexibilidade.

Capítulo 3: Como criar uma rotina matinal produtiva - planejamento diário 101

Há mil e uma maneiras que cada um de nós começa nossa manhã. Embora alguns de nós começamos nossa manhã muito mais tarde, todos nós temos um tempo específico que consideramos manhã. A produtividade é geralmente muito alta no período da manhã, portanto, é importante que você realize o máximo possível durante este período. Isso torna a rotina matinal uma parte muito fundamental do gerenciamento eficaz do tempo e da produtividade.

Não há rotina matinal ideal, porque todos nós temos coisas diferentes que achamos importantes realizar pela manhã. Enquanto minha manhã pode ser usada para malhar, alguém pode usar esse tempo para realizar alguma outra tarefa. Independentemente do seuritual matinal, há maneiras, dicas e habilidades que você pode usar para garantir que sua rotina matinal seja produtiva e bem administrada.

As manhãs são o momento perfeito para ser criativo, fazer exercícios e ter um pouco de tempo para si próprio. Além disso, a ciência indicou que a força de vontade de uma pessoa é mais forte pela manhã. Isso significa que, se quisermos ser produtivos, devemos tirar proveito disso e executar tarefas que serão mais difíceis à medida que as horas passam. Como você gasta sua manhã é também um precursor de como seu dia deve progredir. De fato, uma manhã calma e produtiva proporcionará calma e produtividade ao longo do dia, enquanto um ritual matinal agitado e frenético produzirá muita discórdia durante o dia.

Neste capítulo, veremos as maneiras pelas quais você pode tornar sua manhã menos agitada e mais produtiva, garantindo que essa produtividade continue durante todo o dia.

 # 1 plano

O planejamento é vital para cada coisa que fazemos e sua rotina matinal não é exceção. No final do dia, crie um plano ou uma 'lista para amanhã'. Nesta lista, anote todas ascoisas que você gostaria de completar de manhã. Assegure-se de planejar as atividades mais difíceis a serem feitas primeiro. Isso é chamado de "comer um sapo". Soa estranho, certo? Este é apenas um sapo hipotético que simboliza a realização das tarefas difíceis no início do dia; A pesquisa indicou que, se você realizar tarefas difíceis que exigem muita força de vontade pela manhã, o resto do dia será fácil para você. Depois de criar a lista, coloque-a em um lugar onde ela estará visível logo de manhã, facilitando o acompanhamento quando a manhã chegar.

Repita este processo todos os dias para criar ordem nas suas manhãs. Para evitar ter muitas tarefas pela manhã, escolha sua roupa antes de ir para a cama e mantenha as chaves e o celular em um lugar onde você não tenha que correr pela sala procurando por eles de manhã.

2 Nem todos os avanços tecnológicos são amigáveis ao gerenciamento de tempo

Os avanços tecnológicos são excelentes, mas no caso da gestão eficaz do tempo, eles podem ser um obstáculo. Uma das coisas mais irritantes que cada um de nós fez em umaocasião ou outra é apertar o botão soneca do nosso despertador. Na gestão eficaz do tempo e produtividade, o botão soneca não é seu amigo. Ele corta o tempo que você tinha pré-planejado.

Ao contrário do que as pessoas pensam e acreditam, nenhum de nós gosta muito de acordar (especialmente se você estava tendo um bom sonho), mas nos forçamos a fazê-lo. Em vez de usar um despertador, sugiro que você use um Jawbone, que vibra suavemente em seu pulso, o que é contrário a um despertadorque o faz acordar.

3 Torne as prioridades mais fáceis

Se a sua prioridade de manhã for fazer jogging, coloque suas roupas de ginástica juntas em um lugar onde elas sejam facilmente alcançáveis. Se sua prioridade matinal estiver funcionando no seu projeto, garanta que todos os materiais relacionados ao projeto sejam colocados juntos.

Exercício # 4

Dedique no mínimo 20 minutos do seu ritual matinal para se exercitar. Exercício de manhã provou ser muito eficaz em impulsionar o seu humor, bem como dando-lhe uma radiância e energia que durará todo o dia.

Para mim, fazer uma corrida faz a mágica. Isso me revigora e funciona como uma maneira de limpar minha mente e focar no resto do dia.

 # 5 Prepare-se para o dia

Dependendo do que você faz para viver, também é importante que você se prepare para o trabalho. Você precisa tomar um banho, tomar café da manhã e colocar os trajes certos para o seu trabalho. Eu percebi que isso em si melhora o meu humor e prepara minha mente para começar a trabalhar.

Você já deve saber que você deve comer o café da manhã como um rei, uma vez que dá energia ao seu corpo para começar o dia em pé. Vestir-se de forma inteligente, por outro lado, aumenta a sua confiança, o que ajuda a irradiar energia positiva.

6 Período de carência

Se você tem um horário matinal pré-planejado que você criou no dia anterior, você descobrirá que pode gerenciar melhor o seu tempo pela manhã. Isso pode dar-lhe o luxo de nunca se atrasar para o trabalho ou qualquer reunião. Uma habilidade muito eficaz para cultivar é permitir sempre um período de carência de 15 minutos antes de entrar em uma reunião. Um período de carência de 15 minutos é o ideal, pois ajuda você a chegar à reunião com graça e dignidade, comparado à vergonha que você sentiria se precisasse sair correndo pelas portas da conferência depois de 15 a 20 minutos de atraso.

#7 Analise e seja flexível

Reveja o que precisa ser feito de manhã. Situações estão sujeitas a mudar durante a noite. Você poderia ter querido fazer algo de manhã no dia anterior; no entanto, a situação pode ter mudado durante a noite, fazendo com que você faça algo diferente. Portanto, coisas como checar seus e-mails, mídias sociais e todos os mensageiros instantâneos podem ajudá-lo a saber o que precisa ser feito agora com base no nível de importância.

Você também pode responder a e-mails de clientes, seus colegas de trabalho, seu chefe, seus amigos e qualquer pessoa que tenha contatado você quando você estiver ausente do trabalho. Fazer isso também ajuda você a se livrar da desordem, ajudando você a se concentrar no que é importante sem sentir como se estivesse perdendo algo importante. Depois de ter respondido a e-mails e mensagens instantâneas, você não pode pensar muito sobre problemas que poderiam distraí-lo de fazer o que é importante.

Criar uma rotina matinal poderosa e eficaz garantirá que você tenha energia e atitude mental correta para enfrentar o resto do dia. Além disso, como a rotina matinal é voltada para ajudar você a administrar bem o seu horário matinal, você também será mais produtivo durante o dia.

Deitar cedo, levantar cedo faz um homem ou uma mulher saudável, próspero e sábio. Benjamin Franklin

Capítulo 4: Como dominar a arte da priorização - (existe uma diferença entre importante e urgente)

A priorização também é fundamentalmente importante para o gerenciamento eficaz do tempo. Como vimos, tendemos a estar mais conscientes do que é urgente do que do que é importante. Priorizar não significa que você dê importância às tarefas. Isso significa dar credibilidade e permitir que as atividades que contam sejam as primeiras a serem feitas, deixando as outras tarefas para mais tarde. Existem diferentes abordagens que você pode usar para priorizar o que é importante e o que é de menor importância para você. Existem duas maneiras principais que você pode usar para priorizar itens em sua lista de tarefas

1-Enfrentando as tarefas difíceis primeiro

Nesta abordagem, você enfrenta as tarefas mais difíceis antes de passar para as tarefas mais comuns. O raciocínio por trás disso é o mesmo que o exemplo de "comer o sapo" que vimos em um capítulo anterior. Enfrentar as tarefas mais difíceis e maiores primeiro é ideal para aliviar a ansiedade e a pressão que podem essencialmente impedi-lo de realizar qualquer coisa.

Por exemplo, vamos pegar o exemplo de um professor. Se a tarefa mais difícil que eles têm para o dia é classificar os documentos intermediários, eles podem optar por fazer isso antes de passar para outras tarefas. Para experimentar este método de priorização, você precisa estar ciente do que é mais difícil de fazer para você e quais tarefas são relativamente fáceis. Isso exigirá que você use sua lista de tarefas para determinar o que é mais difícil.

2-Enfrentar tarefas fáceis primeiro

Na abordagem número dois, você primeiro executa as tarefas que podem ser executadas em minutos e com o mínimo de esforço. Uma das vantagens de usar esse método é que, depois de concluídas, você tem tarefas menos inconsequentes que o distraem de alcançar ou concluir as tarefas mais difíceis.

Se fôssemos usar um exemplo, fazer pequenas tarefas como responder a e-mails, retornar chamadas telefônicas e fazer algumas leituras poderia contar como pequenas tarefas que você pode fazer antes de passar para outras tarefas de alto rendimento. Esse método é muito eficaz para ajudar você a concluir tarefas fáceis que podem se acumular em outras tarefas maiores.

Independentemente do método usado para priorizar, é importante priorizar. Existem aqueles que acreditam que apenas um método não é suficiente para ajudá-lo a priorizar bem. Ao combinar esses dois métodos, algumas pessoas conseguiram encontrar uma maneira ideal de garantir que tivessem suas prioridades em ordem.

Você também pode combinar os dois métodos, começando a fazer sua lista de tarefas e adicionando estrelas de prioridade a cada vez. Os itens que têm a prioridade mais alta devem ter cinco estrelas, enquanto aqueles com menos prioridade devem ter uma estrela.

O importante a lembrar quando você está combinando esses dois métodos é que as tarefas que caem na sua lista de tarefas não precisam ser grandes tarefas; sua lista de tarefas deve refletir seu horário de trabalho. Na maioria dos casos, você descobrirá que pequenas tarefas dificilmente chegam à lista ou garantem uma estrela. Priorizar é uma maneira muito eficaz de superar a procrastinação.

Uma consideração importante a ter em mente ao escolher qual método usar é entender como você trabalha. Você descobrirá que algumas pessoas se sentem mais confortáveis em tirar coisas facilmente factíveis do caminho antes de passar para as coisas mais difíceis, enquantooutras se sentem mais à vontade para lidar com tarefas difíceis antes de passar para tarefas mais fáceis.

Priorizar também exigirá que você seja um pouco flexível. Há dias em que eu saio da cama com vontade de escrever e escrevo quando chegam as 7 da manhã e há dias em que eu sinto que tenho que passar por cada e-mail não lido na minha caixa de entrada antes de passar para outra coisa. .

Também exigirá que você esteja ciente dos momentos em que você está mais ativo e produtivo. Para mim, para dar um exemplo, minhas horas de pico caem entre 8h e 13h, após o que sou menos produtivo por algumas horas. Isso efetivamente me ajuda a priorizar as tarefas que devo executar quando sou muito produtivo e qual devo fazer quando sou menos produtivo.

Na maioria dos dias, eu geralmente recuo lendo meus e-mails para o final da tarde, quando sinto que estou me forçando a escrever. Eu descobri que esse truque também me ajuda a relaxar e a recuperar energia para seguir em frente. Para priorizar bem, também é importante que você escolha um sistema ideal de gerenciamento de tarefas.

Os dois gerenciadores de tarefas mais comuns são o sistema com estrela e o sistema de tarefas agendadas. Você pode escolher qualquer um desses métodos que, com certeza, irá ajudá-lo melhor. Pessoalmente, prefiro o sistema de estrelas porque me ajuda a ter prioridade de acompanhamento para cada tarefa e incentiva a autodisciplina e a confiança.

Uma vez que você seja capaz de priorizar, você achará mais fácil trabalhar em um horário de trabalho ocupado com o mínimo de ansiedade, pânico e estresse. O sistema de priorização não importa, desde que você escolha um que funcione bem para você.

Você não deve ser vítima de um dogma definido até ter sido capaz de experimentar cada um dos sistemas e ter encontrado o que funciona bem para você. Se você já tem um sistema que parece funcionar bem para você, não há necessidade de mudar para os dois sistemas que discutimos.

Como eu disse, os sistemas não importam.

É fácil desistir ou bagunçar um sistema já em funcionamento, na esperança de que o outro sistema funcione apenas para que seja um fracasso completo.

Capítulo 5: Multitarefa - Aliado ou Inimigo?

Não é inédito ouvir pessoas ocupadas proclamarem o quanto são boas em multitarefa. Se você é bom nisso ou não, não é a questão.

A questão é se a multitarefa é uma boa ferramenta para o gerenciamento eficaz do tempo. A resposta a essa pergunta é uma espada de dois gumes.

Para algumas pessoas, é mais fácil realizar duas tarefas ao mesmo tempo, enquanto para outras é um pouco difícil. O que exatamente é multitarefa afinal?

A multitarefa originou-se da indústria de TI (tecnologia da informação). É referido como a implementação paralela ou intercalada de dois ou mais trabalhos. Há proponentes da habilidade que sentem que é uma habilidade vital essencial que ajuda a pessoa a se mover com fluidez entre diferentes tarefas e áreas de trabalho.

Por outro lado, aqueles que se opõem a essa habilidade afirmam que desperdiça muito tempo que poderia ser usado para completar uma tarefa antes de passar para a outra tarefa. Pessoalmente, sou de opinião que a multitarefa é contraproducente para a gestão eficaz do tempo.

Abaixo estão apenas alguns dos contras associados à multitarefa.

Efeitos colaterais multitarefa

 # 1 Menos concentração

Um estudo realizado pela Universidade de Stanford descobriu que as pessoas que foram expostas a múltiplos fluxos de informações eletrônicas não prestaram atenção. Este mesmo princípio se aplica na vida real.

É quase impossível dar atenção total a duas ou mais tarefas sem causar um conflito. Tarefas de malabarismo criarão uma urgência ao seu redor que nunca desaparece.

 # 2 TDA e diminuição do QI

Multitarefa tem sido associada com TDA (transtorno de déficit de atenção). Especialistas compararam multitarefa a jogar tênis usando duas bolas e descobriram que saltos constantes entre tarefas levam a um desempenho e produtividade reduzidos e dão a alguém os sintomas de TDA.

Além disso, um estudo conduzido pelo Kings College, em Londres, descobriu que a exposição constante a e-mails e outras tarefas múltiplas favoráveis à tecnologia reduz temporariamente o QI em 10 pontos.

3 Maior tempo de inatividade

Também foi descoberto que a multitarefa aumenta o tempo de inatividade dos trabalhadores. Isso ocorre porque quando você deixa uma tarefa e passa para outra tarefa, é muito difícil realizar a tarefa anterior de onde você parou.

Devido a fluxos de trabalho que competem por sua atenção quando você realiza multitarefas, torna-se extremamente difícil se concentrar

Há também alguns benefícios para se concentrar em uma coisa de cada vez:

Benefícios de se concentrar em uma tarefa

 # 1 Mais produtividade

Concentrar-se em completar uma tarefa antes de passar para outra significa que você é capaz de dar àquela tarefa suaatenção completa e indivisa. Isso é especialmente útil em projetos de trabalho que exigem perfeccionismo. Dar sua atenção a uma tarefa também será traduzida em sua produtividade.

 # 2 Gerenciamento de tempo efetivo

Multitarefa é uma perda de tempo certo. É quase impossível e inédito realizar duas tarefas ao mesmo tempo, no mesmo ou em pouco tempo, do que você teria se concentrado em uma tarefa e depois passar para a próxima tarefa.

O malabarismo entre as tarefas é demorado e contraproducente para seus esforços de gerenciamento de tempo.

Agora que cobrimos de forma eficaz os contras para a multitarefa, é justo dar-lhe algumas ferramentas poderosas que você pode usar para parar isso e gerenciar bem o seu tempo.

Ferramentas eficazes de gerenciamento de tempo

 # 1 Faça uma coisa de cada vez

Isso é contrário ao que é multitarefa. Quando você achar que está inclinado a executar multitarefas, pare, componha-se e resolva uma tarefa de cada vez. Você deve perceber que você realiza mais e em menos tempo quando você não está multitarefado.

2 Termine antes de começar

Termine uma tarefa antes de passar para a outra. Isso exigirá alguma prática, mas uma vez que você pegar o jeito, será mais fácil praticar.

3 Priorizar

A priorização assegurará que tarefas menores e menos importantes não tenham prioridade sobre as mais importantes.

4 Feche todas as notificações

A tecnologia é muito tentadora; apenas quando você está prestes a se preparar para realizar uma tarefa, é quando os e-mails começam a ser transmitidos. Desligue as notificações do seu telefone equaisquer notificações que possam levá-lo a multitarefa ou fazer com que você se desvie da sua tarefa principal. Mensageiros instantâneos são um NÃO completo se você estiver procurando por uma maneira eficaz de acabar com a desordem mental.

5 Eliminar interrupções usando aplicativos de produtividade

A verdade é que as interrupções são multitarefas habilmente disfarçadas. Isso pode ser notificações por e-mail ou toques e bipes. É quase impossível ignorar um e-mail se você receber as notificações; Tem algo a ver com a forma como estamos conectados. Você pode querer usar aplicativos de produtividade como oSelfControl para manter-se focado no que é importante.

Capítulo 6: Como eliminar distrações e obter mais trabalho em menos tempo

Distrações vêm em muitas formas; algumas são boas, enquanto algumas são repugnantes. Elas são um obstáculo para fazer as coisas. Na maioria das vezes, quando você está trabalhando em sua mesa, você pode receber notificações por e-mail que o distraem do que você está fazendo. Embora isso não seja ruim, há um motivo de preocupação quando você começa a desejar a distração para que você possa interromper sua tarefa. A eliminação de distrações ajudará você a realizar mais em pouco tempo. Abaixo estão as diretrizes que você pode usar para eliminar distrações e garantir que você realize mais.

 # 1 Treine seu cérebro para se concentrar

Esta é uma parte fundamental para eliminar a distração. Mesmo que você use fones de ouvido ou outros meios para bloquear estímulos externos, seu cérebro ainda é a maior distração que existe. Se o seu cérebro está pulando de um tópico para outro em assuntos não relacionados do que o que você pretende alcançar, não há como manter o foco. Treinar sua mente pode ser feito aprendendo como controlá-lo.

Na maioria dos casos, treinar a mente é tão simples quanto prestar atenção à sua própria atenção e parar os impulsos antes que eles criem raízes no cérebro. A meditação também é outra maneira eficaz de treinar sua mente para se concentrar em aspectos específicos em um determinado momento.

2 Quebrar tarefas enormes

É fácil se distrair quando a tarefa parece grande demais e impossível. Pode até fazer você procrastinar. Tarefas enormes tornam-se mais fáceis de realizar quando são divididas em tarefas menores, que, quando combinadas, garantem que a grande tarefa seja concluída. A pesquisa também descobriu que é mais fácil obter motivação para realizar tarefas menores do que motivar tarefas maiores.

#3 Acompanhe seu gasto de tempo

Como indicado anteriormente, as distrações vêm em muitas formas. Para remover distrações em sua rotina diária, é importante que você acompanhe como seu tempo é gasto. Isso ajudará você a aprender quais tarefas atraem muita distração. Uma ferramenta útil que você pode usar é um aplicativo rastreador de tempo que pode ser instalado em seusmartphone.

4 Bloqueie todos os sites e aplicativos

que causam distração

Uma das distrações mais comuns é a web. Quando essa notificação por e-mail chegar e você estiver tentado a verificar o que é, a possibilidade é que você também fique tentado a fazer uma breve parada noFaceBook e fazer alguns comentários e, antes que perceba, 30 minutos se foram.

Existem aplicativos e softwares que restringem visitas específicas ao site em horários específicos. Então, use isso para eliminar distrações da web. Os aplicativos de produtividade podem ajudar você a descobrir como você é produtivo em um determinado período.

5 Criar um cronograma

Como vimos ao longo deste livro, um cronograma é essencial para ajudar você a gerenciar o tempo. Também é eficaz na limitação de distrações. Se você definir um cronograma, isso indica que você tem toda a intenção de segui-lo e é mais difícil se distrair.

Conclusão

A gestão eficaz do tempo é uma habilidade necessária para a vida, que garantirá mais produtividade em sua vida. Também ajudará você a atingir suas metas de vida e a controlar melhor sua vida e seu tempo. Se você implementar todas as habilidades que nós discutimos, você nunca terá que correr no último minuto para chegar à sua reunião ou ter uma manhã agitada e não planejada. Sua vida será perfeita.

Ficarei mais do que feliz em saber como este livro ajudou você de alguma forma. Se você acha que aprendeu alguma coisa ou acha que isso lhe oferece algum valor, reserve um momento para deixar uma crítica honesta na Amazon. Ajudaria muitos futuros leitores que serão eternamente gratos a você. Como eu vou!

Para o seu sucesso,

Parte 2

Introdução

Eu quero agradecer e cumprimentar você por ter adquirido o livro.

Este livro contém passos simples e comprovados, além de estratégias para organizar suas tarefas diárias, determinar o que é REALMENTE crucial, e eliminar aqueles itens da sua lista de tarefas a cumprir que sejam extremamente prejudiciais.

O estresse e a ansiedade causados pela sobrecarga de trabalho são reais e podem causar problemas reais, tanto físicos como mentais. Não tente fazer tudo ao mesmo tempo. Aprenda a filtrar, sistematicamente, oaglomerado de tarefas que estão constantemente grudando em você. Coloque todas em seu devido lugar e livre-se delas, agora!

Há esperança. Não há a menor necessidade de viver cada dia sentindo-se como se você estivesse em um jogo de "Acerte a Marmota", constantemente reagindo a cada emergência que levante a cabeça feiosa. Este livro irá ensinar você a estar na ofensiva ao invés da defensiva. Você aprenderá a ser proativo, ao invés de reativo, e você aprenderá a distender o tempo que você tem para literalmente ter mais tempo depois.

Tempo é vida, e aprender a controlar o tempo é aprender a controlar sua vida. Vamos começar!

Capítulo 1: Tempo

Esta é a coisa que tudo devora:
Pássaros, feras, árvores, flores;
Consome o ferro, abocanha o aço;
Por alimento a dura pedra tritura;
Dizima Reis, dilapida cidades,
E as altas montanhas apequena.-Gollum de "O Hobbit"

A resposta dessa charada é, obviamente, o TEMPO. Tempo é o recurso mais precioso na Terra. Se você está lendo este livro, então a você foi dado uma pequena quantidade de tempo neste planeta, e você não sabe quanto. Algum dia haverá uma lápide com o seu nome talhado em pedra e um traço entre duas datas. 'Vamos fazer o melhor possível desse traço! Vamos passar mais dessa vida falando com a família e menos com colegas de trabalho. Invistamos mais desse tempo nos nossos filhos e menos com a nossa caixa de entrada de e-mail.

De certa forma, Gerenciamento do Tempo é um nome ruim para o assunto que estamos falando aqui. O tempo não pode ser gerenciado ou comandado como um funcionário. O tempo não se importa com o que está acontecendo na sua vida, ou como você a vive, o tempo segue em frente. Então, na realidade, o que estamos fazendo é gerenciando a nós mesmos e não o tempo. AUTO Gerenciamento é a mais poderosa habilidade que qualquer um de nós pode almejar dominar.

Como nós temos uma quantidade finita de tempo e nada que nós tentemos ou façamos poderá adicionar um só segundo ao nosso dia, qual seria nosso objetivo então? A resposta mais óbvia é: nós devemos realizar o máximo possível ao longo de cada dia, certo? Errado. Se você não conseguir tirar nada mais deste livro, quero que você se lembre disto: o objetivo do Gerenciamento de Tempo e Produtividade NÃO é fazer mais tarefas. O objetivo é fazer MENOS atividades, e certificar-se que aquelas tarefas para as quais você alocou tempo, são impactantes, trabalhos importantes, que produzam o maior retorno possível dos minutos investidos neles. O que você decide fazer com o seu tempo é MUITO mais importante do que quão bem ou quão rápido você consegue fazê-lo. Se você tiver que escolher qualquer coisa deste livro para lembrar, lembre-se disso.

Pense nisso como dinheiro. Todos os dias você tem 1.440 minutos que serão depositados na sua conta do Tempo, como uma moeda. Você gastará de 360 a 480 desses minutos dormindo. Você provavelmente gastará algumas centenas comendo ou preparando a comida. No que você investe os minutos restantes? Esta é a verdadeira questão. Não é como eu consigo um desconto nas tarefas que eu preciso executar, então, se eu gasto poucos minutos fazendo-as, há um grande propósito em decidir NO QUE investir os minutos para começo de conversa. Eles são bens preciosos, então, os invista com sabedoria.

Neste livro nós exploraremos pequenos passos simples para:
* Decidir: Quais Precisam Ser Realmente as Nossas Metas Diárias?

* Implantar Linhas de Defesa Para Proteger Nosso Tempo
* Quando Atividades Passam Por Nossas Defesas: Como Lidar com Elas?

Lembre-se de que a finalidade aqui é ter o máximo de impacto, com o mínimo esforço. Nós não estamos tentando ser preguiçosos, mas também não estamos tentando ganhar o direito de nos gabarmos por termos mandado 50% mais e-mails inúteis, ou termos feito 25% mais de chamadas inúteis ou falado com o dobro de pessoas. Se você está ocupado e sobrecarregado, provavelmente não é porque você não tem competência para fazer as tarefas que estão sobrecarregando você. Normalmente é porque você não tirou um tempo para priorizar.

Capítulo 2: Classifique

Antes de você pensar em decidir se o seu dia foi um sucesso, você tem que decidir como você vai decidir isso. Tome hoje como exemplo. O que fará você deitar a cabeça no travesseiro hoje à noite e dizer que hoje foi um sucesso? Você já pensou sobre isso? Os velhos ditados são verdadeiros. "Se você mira o nada, com certeza acertará" e "Se você falha em planejar, está planejando falhar". Todos os dias você tem que ter seus objetivos para aquele dia como prioridade na sua mente. Eles não podem ser arbitrários, ou mudar a cada momento que um e-mail apita.

Em minha opinião, as manhãs são o momento ideal para traçar as suas metas para o dia e ter certeza de começar o dia com o pé direito. Manhãs definirão o ritmo do seu dia e são MUITO importantes. Uma espaçonave que é lançada apenas UM grau fora do curso irá passar direto pela Lua por espaçosos 2.365 km. É bem improvável você atingir suas metas diárias quando seu dia começa com o feed de notícias do Facebook, a leitura de e-mails estressantes, a absorção de notícias negativas de telejornais, ou ainda, engolindo um Frappucino de caramelo triplo. Falhar em iniciar VOCÊ todos os dias faz o resto do dia ser uma série de emergências e ajustes com você o tempo todo REagindo para ocorrências e mais ocorrências ao invés de ser PROativo ao executar as metas que você considerou mais importantes.

    Seja determinado nas primeiras horas de cada dia. Seja qual for o método que você escolha para comprometer-se mental, física e espiritualmente toda manhã, seja PROativo. Você faz o seu dia acontecer e não o contrário. Há muitos pontos que poderíamos tratar a respeito de rituais matinais de positividade que visam colocá-lo em um contexto favorável para enfrentar seu dia, mas a proposta principal desta seção é classificar as mais altas prioridades do que você quer alcançar em cada dia, antes de você estar no meio deles.

Lembre-se: sua tarefa mais importante é decidir quais tarefas são importantes. Uma unidade militar normalmente não aterrissa em uma zona de combate e eles "pensam no que fazer durante o voo". Eles têm um objetivo claro e um plano determinado de como conquistá-lo. E quando você chega ao trabalho, seja você um vendedor, um diretor executivo ou um dos pais que fica em casa (para alguns o trabalho mais difícil do mundo), você está entrando em uma zona de combate. Há milhões de coisas que irão aparecer alegando serem cruciais para a missão e que vão tentar manter você longe das suas metas diárias principais. Se nós não temos objetivos claros e planos em ação para o dia, então nós passaremos o dia bem ocupados... mas não produtivos. Não passe o seu dia organizando as cadeiras do convés do Titanic. Você pode ser muito ocupado assim, mas o navio vai afundar de qualquer jeito.

Tenha em sua mente RESULTADOS focados dessa forma. Não se deixe enlaçar pelos detalhes da sua lista de tarefas. Não foque nas árvores ou você não verá a floresta. Mantenha os RESULTADOS principais que você quer alcançar como prioridade na sua mente durante todo o dia, e todas as outras tarefas secundárias a essas metas principais.

O resultado não é enviar uma proposta a um cliente. Esta é um item da sua lista de tarefas que tem a intenção de fechar uma venda e cumprir o seu orçamento. O resultado não é dar flores e um cartão para sua esposa pelo aniversário de casamento. Essas são tarefas que tem a intenção de fazer sua esposa sentir-se amada no dia do aniversário de casamento. Com tudo isso, é sempre ótimo quando você consegue alcançar todas as suas metas principais do dia, antes mesmo de completar os itens da sua lista de tarefas que você pensou que fariam você alcançá-las.

Passos para classificar suas Prioridades

• Faça uma lista de um punhado de coisas que têm causado mais ansiedade e estressea você. O que tem pesado em você ultimamente e está em seu poder mudar. Normalmente são as coisas que você tem procrastinado faz um bom tempo. Tente limitar esta lista em 5 ou 6 itens, não mais que isso. Não tente fazer este processo na sua cabeça, é melhor confiar em um lápis pequeno do que em uma memória longa, e certamente esse será o caso aqui.

- Agora, na sua lista, existem quaisquer outros itens que uma vez concluídos farão OUTROS itens da sua lista mais fáceis ou desnecessários? Por exemplo, sua lista é: "Limpar meu local de trabalho", "Terminar o projeto da ABC Corp" e "Encontrar alguma coisa perdida". Terminar o seu projeto pode tornar-se muito mais fácil se o seu ambiente de trabalho estiver organizado e você pode até encontrar o objeto perdido no processo. Tomar consciência disso deve elevar "Limpar meu local de Trabalho" para o topo da lista. Este é um exemplo de distensão do tempo, assunto que discutiremos mais tarde.

- Agora se pergunte a respeito dos itens da lista: se este fosse o único item que eu fizesse hoje, eu estaria satisfeito com o meu dia? Use essa abordagem para reduzir sua lista de 5 ou 6 coisas para algo entre 1 e 3 itens cruciais. E é isso! Essas são as coisas que você deve fazer hoje, chova ou faça sol. Agora use as outras dicas deste livro para concluí-las da maneira mais efetiva e eficiente possível. Não espere! Não há melhor sentimento do que quando você finaliza todas essas metas principais antes do almoço.
- Dica Bônus #1: O Google Chrome tem um programa chamado Momentum que é muito útil para manter suas metas diárias como prioridade na sua mente. Todas as manhãs quando eu abro uma nova seção ele me pergunta quais são as minhas metas para o dia, e fica me lembrando delas todas as vezes que eu abro uma aba nova. Eu recomendo que você confira.
- Dica Bonus #2: Tudo fica mais fácil quando você transforma em um jogo. Como um Gamer em recuperação, eu

posso dizer quantas horas eu passei completando a mesma missão e matando o mesmo inimigo repetidamente para ganhar um prêmio virtual. Use essa mentalidade para passar por suas tarefas mais monótonas de modo mais fácil. Quando você estabelece suas metas diárias, dê a elas nomes engraçados e atribua um valor em pontos para cada uma delas. Invente um objetivo para desbloquear ou uma medalha para quando você completar todas elas. Faça ficar divertido!

Comece todos os seus dias na ofensiva. Não estamos gastando muito tempo aqui falando de rituais para energizar você e fazê-lo pensar positivo, mas seja qual for o sistema que você encontre para colocá-lo em um contexto favorável toda manhã, com metas bem definidas, dedique-se a ele! Tenha propósitos. Seja proativo e não reativo. Seja ofensivo. Se você faz o que a maioria das pessoas faz e apenas aparece no trabalho sem nenhum planejamento, senta no computador e checa seus e-mails para ver qual é o choro do dia, você começa na Defesa. E pegar a bola de novo pode ser difícil.

Capítulo 3: Eliminar

"Arte é a eliminação do desnecessário. " - Pablo Picasso

Eliminação é o nosso primeiro passo na linha de defesa contra pessoas e atividades que nos fazem perder tempo e que podem interferir na execução das nossas metas diárias predeterminadas. Aqui nós não estamos falando de contratar o João da velha vizinhança para "dar porrada" no cara que convoca reuniões de equipe repetitivas e sem sentido, mas talvez possamos encontrar um outro modo de eliminar essas atividades que sugam nosso tempo e que, constantemente, drenam o nosso dia.

Decisões Eliminatórias

Você e eu temos uma quantidade limitada de RAM Mental a nossa disposição. Se você focar em uma atividade de cada vez, você é uma máquina! Finalizando tarefas à direita e à esquerda! Mas tente digitar um e-mail enquanto você fala ao telefone e planeja um jantar. Simplesmente não funciona.

Toda vez que você tentar se lembrar de fazer qualquer coisa naquela noite você terá um espaço da sua RAM mental ocupada. Toda vez que você decidir o que vai almoçar ou o que vai vestir, você ocupa espaço mental da RAM para isso. Tem uma grande quantidade de espaço livre, mas vá eliminando esse tipo de decisões.

Além disso, há grandes benefícios para a saúde em comer a mesma alimentação saudável todos os dias. Quer perder peso? Encontre dois ou três tipos de café da manhã e almoço saudáveis e coma-os todos os dias. Elimine decisões do tipo "o que eu quero comer hoje". Pessoalmente, o que eu quero comer todos os dias é alguma coisa frita ou coberta com bacon. Então, além dos benefícios para a saúde, você também liberará recursos mentais.

Tente vestir a mesma roupa genérica todo dia. Não as mesmas roupas EXATAMENTE. Nós não queremos nos tornar párias fedorentos, mas limite as escolhas do seu guarda roupa para algumas opções. Para o trabalho tenha um par de calças pretas e um par de calças cáqui. Eu visto uma delas todos os dias. Eu tenho uma camisa cinza, algumas pretas, uma azul e dois coletes. Eu misturo e combino-as para criar visuais diferentes todos os dias e é claro que eu me certifico que minhas roupas são lavadas no processo, mas escolher o que vestir não ocupa tempo algum. Eu não uso gravata normalmente, mas eu tenho uma preta no carro por via das dúvidas, e eu a coloco se necessário. Se escolher seu guarda roupas já não gasta tempo nenhum, então continue assim, mas se você perceber que você tem gasto alguns minutos encarando suas roupas toda manhã, paralisado pela indecisão, considere limitar as opções. Use essa tática com qualquer coisa que faça você congelar pelo excesso de opções.

Calendários de E-mail e do Outlook podem liberar RAM Mental também uma vez que eliminam a necessidade de lembrar-se das coisas. Não tente lembrar que você tem que ir à loja mais tarde e o que comprar. Configure um lembrete no seu Calendário, com a cópia da lista de compras. Não se lembre de mandar um e-mail para o Zé-ninguém semana que vem, envie-o agora e use a opção do Outlook de Entrega Agendada. Você pode enviar o e-mail agora e configurar a entrega agendada para quando você quiser e o e-mail será automaticamente enviado quando chegar o momento, constando a data e hora marcadas.

Eliminando Reuniões

Reuniões de Equipe e Treinamentos sem sentido são o cancro da América corporativa. Você tem executado uma tarefa por tanto tempo que você poderia fazê-la dormindo? Bem, algumas vezes treinamentos novos aparecem, então libere uns poucos dias do seu calendário e puxe uma cadeira ao lado dos novatos. Você está tendo problemas para usar o novo software? Não? Bem, o Jeff da contabilidade está, então vamos marcar uma reunião de duas horas para repassar o processo. E vamos admitir, segundas-feiras não seriam segundas-feiras sem as reuniões de equipe para ouvir como foi o fim de semana de cada um.

Essas reuniões devem ser evitadas a todo custo. Agora, é mais fácil dizer do que fazer e eu quero enfatizar a lei universal de todo relacionamento. <u>Se alguma coisa é importante para alguém que é importante pra você, então essa coisa PRECISA ser importante pra você também</u>. Se a sua esposa REALMENTE importa-se com um assunto, então você precisa fazer dele uma prioridade na sua vida, se a sua esposa é uma prioridade pra você. A mesma coisa se aplica aqui. Se o novo treinamento ou iniciativa da companhia é o projeto favorito do seu chefe ou supervisor, então é melhor você pegar leve, mesmo que o treinamento seja tão divertido quanto uma boa tortura. Mas se a sua equipe está tendo uma reunião "porque é o que nós fazemos", então temos que encontrar um modo de nos livrar dela e liberar tempo valioso.

O melhor meio de fazer isso é tentar ser dispensado uma vez, ser incrivelmente produtivo como resultado e então usar seus resultados impressionantes como trunfo na próxima vez. Tenha um prazo expirando, um compromisso importante ou uma grande oportunidade que precisa de atenção imediata. Use aquele ponto importante para fugir de uma reunião ou compromisso, "só dessa vez". Tão logo você tenha a aprovação uma vez, você precisa ter resultados convincentes para mostrar ao seu supervisor. Da próxima vez que outra reunião tão inútil quanto essa surgir, lembre-o (a) dos resultados da última vez que você escapou dela, e assegure que você sente que poderá ser igualmente produtivo se você perder o próximo encontro. Peça inúmeras desculpas. Você realmente gostaria de poder fazê-lo, mas você vai atualizar-se depois com um colega de trabalho e pegar as anotações.

Use seu próprio bom senso com essa abordagem e tente primeiro com uma reunião ou evento que você sinta que o seu gerente provavelmente não tem alta estima também. Quando você tiver um histórico de reuniões perdidas sem nenhum resultado negativo e tenha usado o tempo extra para produzir resultados positivos, perder uma reunião rapidamente se tornará mais uma regra que uma exceção. Durante o tempo extra, foque em projetos que o seu gerente tenha grande estima para assim assegurar sua cooperação futura.

Se a reunião da qual você está tentando se esquivar NÃO é com o seu supervisor, então o problema torna-se muito mais fácil de resolver. Simplesmente não vá, salvo se você valorizar o encontro. Não deixe amigos ou colegas de trabalho o culparem a ponto de viver estressado e ansioso porque eles querem encontrá-lo para um café e conversar. Por outro lado, não permita que seu gerente faça você sentir-se culpado a ponto de não ter uma vida. Use as técnicas testadas neste livro para maximizar a sua produtividade, e libere sua agenda para coisas e pessoas que VOCÊ quer investir seu tempo em.

Eliminando as Redes Sociais

Eu não vou passar muito tempo falando disso mas quanto tempo você perde a cada dia clicando pelo mar de selfies e vídeos de gatos bobos? Seja honesto a respeito e se é algo que merece ser mudado, mude. Se você quer gastar algum tempo compartilhando fotos e seguindo amigos, mas não muito, marque 15 minutos na sua agenda para fazê-lo.

É como separar dinheiro para lazer. Se você não tiver um orçamento e o dinheiro é curto, você se sentirá culpado em gastar dinheiro com qualquer coisa. Mas se você tem um orçamento escrito e você aloca algum dinheiro para entretenimentos variados, então você não terá conflito interior gastando aquele dinheiro. Se você está tentando perder peso, mas não tem nenhum plano de dieta ou divisão de calorias por escrito, você irá sentir-se culpado por comer qualquer coisa que não seja verde. Por outro lado, se você tem uma meta calórica pré-determinada, no final do dia que você está com 500 calorias disponíveis na sua distribuição,se está com fome, você pode beliscar!

É a mesma coisa com o tempo. Se você tem algum vício temporal que está sugando o seu tempo ao longo do dia, mas você não está disposto a abrir mão dele inteiramente, então agende 15 minutos no almoço. Assista uns caras levando choques, uns garotos caindo de skates, curta algumas postagens e então continue em frente sendo um astro de gerenciamento do tempo produtivo.

Eliminando o Vai e Volta de E-mails

E-mail e Mensagens Instantâneas são duas coisas muito diferentes, entretanto, algumas pessoas não percebem isso. Isto aqui soa familiar a você?

Eu: "Oi Sarah, aquela cotação da ABC Corp está pronta?"

Sarah:"Não, eu ainda estou esperando algumas coisas"

Eu: "Que outra informação você precisa para terminar?"

Sarah:"Eu preciso dos números XYZ do John antes de fazer os retoques finais"

Eu: John, você poderia conseguir esses números para mim para que possamos acabar essa cotação?

John:"Sem problema, aqui estão os números"

Eu:"Sarah, aqui estão os números do John. Quando você acha que podemos esperar a cotação terminada?"

Sarah:"Vou tentar terminar até as 5 da tarde de hoje"

Isso está tudo bem se for por mensagens instantâneas, mas NENHUMA correspondência por e-mail deveria ser como esta. Aqui é como este e-mail deveria parecer:

Eu:"Sarah, Estou copiando John neste e-mail. Aquela cotação da ABC Corp já está pronta? Se não estiver, por favor, diga-nos o que mais você precisa para terminá-la e o prazo aproximado para quando podemos esperá-la. John, por favor, trabalhe com a Sarah nisto e dê qualquer coisa que ela precisar para completar esse projeto o mais rápido possível. Vocês podem me achar pelo celular se houver alguma emergência pois estarei em compromissos na maior parte do dia."

Você percebeu a diferença? Se você envia um e-mail como esse você sai andando e vai se preocupar com outras atividades enquanto Sarah e John trabalham nos detalhes. Eles não irão responder VOCÊ com alguma pergunta inútil porque você acabou de dizer que você será difícil de encontrar pelo resto do dia. Uma coisa miraculosa irá acontecer ao invés disso: eles vão se virar sozinhos!

Isto traz à tona outra peça chave do princípio de Gerenciamento do Tempo. Não faça de você o gargalo de nada, salvo se realmente necessário. Nós vamos falar disso em detalhes durante o capítulo "Delegue" mas eu irei enfatizar aqui também. Sua meta é outorgar poder aos outros para corrigir problemas, responder a questões e completar tarefas. Em situações como essa acima, você quer responder ao maior número de perguntas em potencial o quanto possível no seu e-mail original (para ELIMINAR o vai e vem sem sentido de conversa), e então você quer outorgar a Sarah e John o poder de fazer a partir dele.

Capítulo 4: Automatize

"A primeira regra de qualquer tecnologia usada em um negócio é que automação aplicada a uma operação já eficiente irá aumentar a eficiência. A segunda é que automação aplicada a uma operação ineficiente irá aumentar a ineficiência. "– Bill Gates

O melhor cenário possível para uma tarefa demorada é eliminá-la. Sem eliminá-la, a melhor opção é Automatizá-la, assim não teremos que digitar o mesmo e-mail 50 vezes, ou completar o mesmo formulário repetidamente até começarmos a invejar o desemprego. O exemplo mais básico de automação seria digitar um e-mail uma vez e então enviá-lo com cópia para várias pessoas. Por que dizer a mesma informação para vários indivíduos separadamente quando você pode mandar um e-mail uma vez e colocar todo mundo no mesmo barco? Aqui estão alguns outros exemplos em potencial:

• Se você recebe a mesma pergunta repetidamente, uma boa página de FAQ no seu website ou nos seus e-mails pode responder às perguntas frequentes sem você continuar respondendo-as pelo resto dos seus dias.

• Coloque a suas contas em débito automático, assim você não terá que lidar com elas todos os meses. Libere a RAM Mental que atualmente está comprometida lembrando o que vence quando.

• Use uma resposta de e-mail automática. Crie uma mensagem automática que seja disparada toda vez que alguém lhe mande um e-mail e explique que você estará em compromissos durante a maior parte do dia, mas que você checará seus e-mails a cada poucas horas. Agende uma parte do seu dia para responder e-mails e SOMENTE então os verifique.

• Outorgue aos clientes poder para resolver seus problemas por eles mesmos. Durante o capitulo "Delegue" nós iremos falar sobre outorgar poder aos nossos colegas de trabalho para completar tarefas sem o nosso constante envolvimento, mas quanto seria melhor se nós pudéssemos outorgar poder ao nosso cliente ou usuário final em relação ao nosso produto ou serviço? Nós podemos explicar a eles uma vez como checar suas contas online ou pesquisar sobre um assunto ou encontrar respostas facilmente por eles próprios, e, então, nós não teremos que investir tempo no assunto de novo, e nem nossos colegas de trabalho.

• Eu mencionei sobre isto brevemente na seção sobre Eliminação. Você pode digitar e-mails para serem enviados no futuro e o Outlook irá automaticamente enviá-los no momento apropriado. Automatizar o envio destes e-mails, pode ser uma ótima ferramenta de gerenciamento do tempo na medida em que você pode digitá-los agora enquanto você está pensando sobre isto e então agendá-los para serem enviados quando for conveniente. Clique em "Opções de Entrega" e então "Não entregar antes de".

• Uma boa mensagem de voz pode automatizar a informação e ainda eliminar muitas tarefas na medida em que previne o seu aparecimento. Se você chamar meu telefone fixo ele não vai tocar. Ele irá automaticamente para a mensagem de voz agradecendo a chamada e informando que eu estarei fora a maior parte do tempo, mas que irei retornar a chamada dentro de um dia útil. Eu aconselho então a pressionar 1 para isto, 2 para aquilo e, em caso de emergência, pressionar 3 para o meu celular, ou ficar ao telefone para deixar uma mensagem e eu retornarei na primeira oportunidade. Quando eu configurei este sistema de mensagem, meu volume de mensagens de voz diminuiu 80%. A maioria das pessoas pressionam 1 ou 2 e a questão é resolvida sem meu envolvimento. É algo realmente lindo. A configuração da mensagem automatizada, a delegação a outras pessoas competentes da companhia, e só ser chamado se necessário.

Existem outros mecanismos de Automação, mas o ponto principal é que você deve sempre se perguntar quando considera uma tarefa: "Existe uma forma que eu poderia montar isso uma vez e nunca mais terei de fazer de novo?"

Mesmo que demore três vezes mais, será muito melhor automatizar isso uma vez e nunca mais precisar mexer de novo. Tenha consideração pelo seu EU futuro, e respeite o tempo dele(a). Você agradecerá a você mesmo depois.

Capítulo 5: Delegue

"Ninguém terá um grande negócio se quiser fazer tudo sozinho, ou ficar com todo o crédito" – AndrewCarnegie

Comecemos do início: nunca delegue o que pode ser automatizado ou eliminado. Seria como alguém que está se afogando e puxando a pessoa que seria seu salvador para as profundezas com ele por ter entrado em pânico. Só porque você está se afogando em tarefas não cause em outra pessoa o mesmo problema, se você tiver escolha. Se você sobrecarregar os seus colegas de equipe e sistema de suporte então você terá ainda menos ajuda quando realmente precisar. Se você tem a opção de Automatizar alguma coisa de modo a não desperdiçar o tempo de ninguém, sempre tente fazê-lo primeiro.

Lembre-se, não é porque você PODE fazer alguma coisa melhor, não significa que você deve. Foque no que você é bom, e use as habilidades dos outros para preencher os vazios. Quando você delega uma tarefa a um colega de trabalho, amigo confiável, ou empregado, é importante que você faça isso corretamente e dê a eles a informação apropriada e as ferramentas para completar a tarefa. Este não é um jogo de batata quente onde você grita: "ISSO NÃO!", joga o projeto no colo de alguém e sai correndo. Mas não tenha medo de confiar aos outros tarefas que ou você não é tão bom, ou você não sente prazer em fazer, ou apenas não tem tanto lucro quanto as outras tarefas da sua lista de afazeres. Pergunte a você mesmo "qual é a pior coisa que poderá acontecer se eu confiar nessa pessoa para fazer isso para mim?" Se a resposta for que o seu negócio iria falir, ou você poderia perder o seu emprego, então esta pode não ser uma boa tarefa para delegar. Fora isso, comece a confiar em outras pessoas para tirar o peso dos seus ombros, assim você poderá focar em áreas que lhe dão um impacto mais positivo.

Seja específico sobre a tarefa e o resultado esperado quando você delegar.

Se você apenas diz a alguém para "cuidar" de algo ou "lidar com" alguma coisa, eles podem ou não podem saber exatamente o que você quer. Eu acredito que foi Dave Ramsey que eu escutei dizer: "Não dizer as coisas claramente é ser cruel". Faça com que as pessoas saibam exatamente quais são os passos que você quer que eles executem, qual o resultado esperado e o tempo que eles têm para concluí-lo. Ninguém gosta de atirar no escuro e eles não tem como saber se é urgente se você não disser.

Tenha certeza de que a pessoa a quem você está delegando teve o treinamento apropriado para completar a tarefa designada. Não peça para alguém terminar uma planilha se a pessoa não sabe o que é o Excel. Não peça ao seu eletricista para arrumar um problema no encanamento só porque você se dá bem com ele. Certifique-se de que a pessoa a quem você está designando a tarefa tem o treinamento e sabe como completá-la sem incidentes, de outra forma, você não está sequer sendo justo de pedir a elas para começo de conversa.

Lembre-se, nós não estamos tentando jogar nada em cima de um pobre otário, nós estamos delegando. Isto significa dar a eles autoridade para tomar decisões, e deixando-os tomar conhecimento da confiança que temos neles. E diga isso a eles claramente. Isto apela para o seu sentimento de vaidade intrínseco, e faz com que eles tenham uma vontade genuína de querer retornar a você bons resultados. Ser confiável, muitas vezes, é mais significativo do quer ser amado. Até me tornar adulto eu sempre soube que meu pai me amava, mas se ele CONFIAVA alguma coisa a mim!... Significava ainda mais.

Por fim, dê às pessoas retorno de como eles estão progredindo. Se há um feedback negativo, use o método sanduíche padrão elogiando-os primeiro, explicando a área de possível melhora e, então, termine com ênfase prolongada no que é positivo. Tenha certeza deque durante esse processo de delegação você estará constantemente delegando e fazendo as pessoas crescerem, não pedindo a eles que o ajudem de forma que você os destrua quando o que for feito não alcance os seus padrões. Isto fará, é claro, que eles fiquem menos inclinados a ajudar você no futuro, adicionalmente... Bem, é uma atitude mesquinha.

Capítulo 6: Procrastinar

Procrastinação é a arte de manter o ontem. –Don Marquis

Você poderá se surpreender por achar, em um livro de Gerenciamento de Tempo e Produtividade, um capítulo exaltando as virtudes da procrastinação, mas uma procrastinação que seja tática e proposital é algo que se deve aprender a fazer em algumas ocasiões. Quando você olha para todas aquelas tarefas competindo arduamente pelo seu tempo, você naturalmente deverá decidir quais são mais importantes. Isso não precisa ser dito. Mas são todas elas tarefas importantes e igualmente urgentes? Não, claro que não são.

Algumas tarefas realmente importantes não são urgentes. Nós não vamos procrastiná-las para podermos dormir até as 10 ou pegar um novo recorde no joguinho do AngryBirds. Nós procrastinaremos no que é menos urgente para que possamos focar no que é mais urgente. O que queremos evitar, a todo custo, é procrastinar em uma tarefa importante e urgente, porque ela é intimidadora ou porque estamos estressados, ansiosos e sobrecarregados. Estas são as causas mais comuns da procrastinação, e elas são terrivelmente destrutivas.

Seja honesto com os itens da sua lista de tarefas, e aquelas que surgem ao longo do dia. Se elas não podem ser Eliminadas, Automatizadas ou Delegadas, são elas urgentes? Você pode simplesmente procrastinar enquanto foca em algo urgente? Se você pode, é o que você deve fazer e eu vou dizer o porquê. Perdi as contas de quantas vezes eu recebi um e-mail urgente que, obviamente, NÃO era urgente, e depois de terminar com aquelas tarefas que realmente eram críticas para o meu trabalho, descobri que o problema sequer ainda existia. A pessoa ou pegou a informação de outra fonte, ou alguém que também tinha sido copiado no e-mail apressou-se e resolveu o problema, ou a pessoa perguntando a questão conseguiu responder por ela mesma (a maravilha das maravilhas).

Eu poderia ter respondido o e-mail imediatamente, como uma desculpa para evitar os itens verdadeiramente urgentes em minha mesa, que estão me assombrando por uma semana, como um espinho no meu cérebro. Mas o que exatamente estamos tentando evitar procurando modos de ficarmos OCUPADOS sem sermos PRODUTIVOS. Nós estamos tentando ter o máximo possível de impacto, e não conseguir o recorde de rapidez na resposta de e-mails. Este é um dos pontos mais importantes que eu espero que você aprenda com este livro. Não seja ocupado. Nunca esteja ocupado. Se você está ocupado, aperte os freios e pare 5 minutos para atribuir a verdadeira importância às suas tarefas e a ordem delas no seu calendário.

Capítulo 7: Isole-se & Concentre-se

Concentre todos os seus pensamentos no trabalho sendo executado. Os raios do Sol só queimam quando em foco.–Alexander Graham Bell

Então aqui estamos nós. Nós já temos os Itens Críticos da nossa Missão que nós identificamos essa manhã, e qualquer outra confusão que surgiu durante a manhã e nós não pudemos Eliminar, Delegar, ou Procrastinar temporariamente. Nós ficamos com uma pequena lista de coisas importantes E urgentes, e depende de nós nos isolarmos e isolar nossa mente de modo que nós possamos concentrar-nos nesses itens e nada mais. A intensidade do foco é a chave de muitas coisas na vida. Seja pagando débitos, exercitando-se em uma academia, ou tentando completar um projeto do trabalho, não seja multitarefa. Foque com intensidade em cada item, até que todos eles estejam resolvidos.

A primeira coisa que eu recomendaria seria para você reservar uma parte do seu tempo para resolver esses itens. Assim como mencionamos no capítulo Delegação, você quer ajustar cronogramas claros dentro dos quais devem ser cumpridas tarefas. Você irá querer fazer isso para você também e não só para as outras pessoas às quais você delega. Eu geralmente configuro o alarme do meu telefone ou uso o site www.e.ggtimer.com para configurar lembretes simples para mim. Se ele apita, e eu não estou tão à frente nas minhas tarefas quanto eu deveria, eu preciso fazer uma autoavaliação. Existem distrações que eu permiti que se instalassem e roubassem a minha atenção do que era realmente importante?

Outra coisa que eu recomendaria é desligar TODAS as suas notificações. Desligue a conexão de dados do seu celular, e trabalhe fora da rede no seu programa de e-mail. Você deve digitar e-mails como uma parte da execução do seu projeto, então digite-os desconectado, e permita que eles sejam enviados depois que a tarefa sendo executada esteja completa. De outro modo você poderá estar na metade do caminho para terminar uma tarefa crítica quando alguma coisa brilhante lampejar na sua tela, e você irá atrás dela como uma criança que consome açúcar demais. A última coisa que nós precisamos é uma notificação do Facebook para interromper nossos padrões de pensamento, justo quando estamos chegando a algum lugar.

Esta é outra área onde nossa RAM mental funciona como um computador. Não subestime a quantidade de tempo e a energia que requer mudar de uma tarefa para outra, de uma conversa com um colega de trabalho e de volta para a tarefa original. Se você pensar que você pode passar por tudo isso e voltar exatamente para onde você parou, sem nenhuma mudança na qualidade do trabalho e do pensamento, então você está lamentavelmente equivocado. Leva algum tempo até você voltar onde estava, assim sendo, Isole-se tanto quanto possível, enquanto você se concentra em uma tarefa de cada vez.

Se você recebe uma chamada, e o trabalho permite que você faça isso, deixe ir para o correio de voz. Permita que eles deixem uma mensagem e então retorne quando o trabalho em execução estiver completo. Se alguém vier até a sua mesa, diga a eles para se retirarem! Tudo bem, você pode ser mais diplomático se você preferir, e diga com um sorriso, "Eu estava prestes a fazer uma ligação, antes que eu a inicie, o que você precisa? Se eles disserem que voltarão depois, não deixe que eles saiam. Diga: "Não, eu tenho um minuto, o que está acontecendo?" Receba a informação, coloque-a em uma das categorias de tarefas acima e resolva o problema assim que possível. De novo, um belo sorriso no rosto garante a você bastante mérito em situações como essa. Você pode ser agradável, mas não perca muito tempo batendo papo enquanto tarefas importantes e urgentes ainda estão na sua mesa assombrando você.

Se você tiver que atender ao telefone, ou tem uma visita na sua mesa, como você começa a conversa é de grande importância. Dizer coisas como: "Ei, você deu sorte de me encontrar, o que você precisa? Leva a conversa ao ponto rapidamente, e pode literalmente dispensar muitos minutos de amenidades. Por outro lado, se você começar com algo como: "Olá, o que está acontecendo?" Ou "Como vai?", então você está permitindo que a pessoa roube ainda mais do seu dia, dizendo a você TUDO que está acontecendo e como ela está indo. Nunca deixo de ficar assustado no quanto algumas pessoas conseguem falar sem dizer nada.

Por último, dê a si mesmo reforço positivo para cada tarefa concluída. Toda vez que você terminar uma tarefa que tem incomodado você, dê a você mesmo uma séria "batida no ombro". Assim você põe a última pá de terra para enterrar o defunto. Você o enterrou. Foque na próxima tarefa. A pobre coitada está puxando sua mão porque sabe que você virá na direção dela em seguida. Pode parecer bobo, mas não é. Motivação e Momento são componentes importantes da produtividade.

Capítulo 8: Alavanca

Conceda-me uma alavanca longa o suficiente e um ponto de apoio no qual apoiá-la, e eu moverei o mundo. – Arquimedes

Deixe-me deixar você com um rápido pensamento sobre alavancas. Alavanca é uma coisa poderosa. Uma das minhas maiores paixões na vida nos últimos 10 anos tem sido o Jiu-Jitsu brasileiro, o que significa que eu tenho experiência tanto nos benefícios como nas dores causadas pela alavanca. A alavanca permite que um eu de 90 kg quebre facilmente o braço de um fisiculturista de 135 Kg. Se você estiver do lado errado da alavanca, entretanto, isso permitirá uma mulher de 55 kg quebrar seu braço como se fosse um graveto. Você deve respeitar a alavanca de todas s coisas, incluindo finanças e tempo. Você não quer ter 0% de lucro em uma casa de $500.000 e ver a bolsa cair, e você não quer investir horas da sua vida em tarefas que não darão frutos.

Pense sobre frutas. Quanto tempo leva para plantar, cultivar e esperar crescer uma árvore frutífera? Leva muito tempo. Entretanto, uma vez que o trabalho seja concluído, ela gerará frutos por gerações. Este é um grande exemplo de alavancar o tempo em seu benefício. Você investe tempo agora e libera tempo depois. Neste caso, o tempo que você, de outra forma, estaria procurando por comida.

É como um dinheiro sobre o qual você ganha dividendos. Você trabalha agora, ganha dinheiro agora, e anos depois, quando a conta tiver crescido o suficiente, você não precisará perder seu tempo ganhando dinheiro. É o pico do gerenciamento de tempo, é aprender a fazer a mesma coisa com o tempo. Pense no seu trabalho, e vida pessoal. Que tarefas árduas e repetitivas custam a você mais tempo. Agora tente fazer um brainstorm de modos de como você investirá o tempo extra AGORA de modo que você não precise gastar muito mais tempo pelo resto da sua vida.

Se você entra na lista de triagem da TSA[1], você nunca mais vai precisar pegar as mesmas longas filas no aeroporto. Você pode fazer um grande projeto de paisagismo para que você não precise podar seu jardim todos os anos. Ou você pode resolver morrer de trabalhar para que você não tenha que trabalhar no futuro. Estes são todos caminhos que podem nos levar a alavancar tempo, para literalmente criar mais no futuro.

---

[1] TSA – Transportation Security Administration é uma divisão do Departamento de Segurança Doméstica (Department of Homeland Security) do governo dos Estados Unidos que possui um programa de verificação de antecedentes para diminuir a necessidade das Triagens nos aeroportos. Se você faz parte da lista, seus antecedentes serão checados previamente e a segurança será relaxada.

Conclusão

Obrigada novamente por baixar este livro! Eu espero que este livro tenha ajudado você de alguma forma. Ele foi escrito da perspectiva de um funcionário de escritório em um ambiente organizacional, mas independente da sua profissão e ocupação, os princípios são os mesmos. Não seja uma pessoa ocupada. Uma falha no planejamento É um planejamento que vai falhar, então planeje bem os seus dias. Libere a sua agenda tão rápido quanto seja humanamente possível, e então foque nas coisas que são verdadeiramente importantes e urgentes.

Se você encontrar-se atarefado demais para tudo, tire 5 minutos para listar as tarefas, organize-as nos grupos já descritos aqui e então foque nos itens principais. Não se preocupe com itens secundários, até que o item principal esteja resolvido. Seja presente e foque no momento. Seja no trabalho finalizando uma tarefa ou passando tempo com a sua família, esteja completamente presente e, com um pouco de planejamento e prática, o futuro deverá reservar a você mais do tempo com a sua família do que no trabalho.